KB189399

인생과 싸우지 않는 지혜

인생과 싸우지 않는 지혜

곽철환 지음

인연 따라 간결하게 산다

불광출판사

과거는 인연 따라 흐른 세월이었고,
인연은 자신의 의지와 관계없이 흐르므로
과거는 그렇게 살 수밖에 없었다.
그러니 후회할 것도 반성할 것도 없다.

미래는 수억만 가지 인연의 흐름이므로
예측이 불가능하다.
따라서 미래의 일은 '모른다'가 정답이니,
걱정하거나 불안해할 것 없다.

과거가 죽고
미래가 죽은
'지금 이 순간' '지금 이거' '지금 여기'만이
삶의 현장이고,
그 외는 다 허망한 생각이다.

그러니 문제는 단 하나,
'생각을 어떻게 다스릴 것인가?'

차례

1 생각이라는 병

,

삶이 불안하고 괴로운 건
다 헛되고 부질없는 생각 때문이다.
그러니 결코 생각을 믿지 마라.
생각을 따라가면 괴로움의 나락에 빠지고,
호흡을 따라가면 평온에 이른다.

,

생각은 항상 에고를 바탕으로 해서 일어나
현실을 채색하거나 왜곡하고
'지금 여기'를 떠나
이리저리 떠돌아다니므로 믿을 게 못 된다.

,

생각이 여러 군데 가는 것 같아도
가는 데는 딱 두 곳이니,
과거와 미래다.
그 생각들은 다 자신이 '꾸민 이야기'고 허상이다.

9

과거를 볼 수도 없고
미래를 볼 수도 없고
과거의 소리를 들을 수도 없고
미래의 소리를 들을 수도 없는데,
생각은 지금 여기를 떠나
과거와 미래로 떠도니
믿을 수 없는 게 생각이다.

9

이 세상에서 허망한 생각에 시달려
괴로워하는 생물은
인간뿐이다.
인간은 생각에 이끌려
'지금 여기'를 떠나
과거와 미래로 떠돌아다니면서
온갖 회한과 상상을 일으켜
스스로 갈등하고 불안해하는
슬픈 동물이다.

,

생각은 눈에 병이 나서 보이는 허공의 꽃이다.
생각을 믿고 따라가는 것은
그 허공의 꽃이 열매 맺기를 바라는 것과 같다.

,

생각을 믿지 않고 따라가지 않으면
불안도 두려움도 없고,
과거도 미래도 없고,
'지금 이 순간'만 남는다.

,

생각이 일어나니
온갖 분별과 차별과 개념이 생긴다.
중생은 그것을 고정된 실체로 여겨 얽매이고 집착하지만,
그것은 생각이 일으킨 허구다.

,

어떤 생각이 일어나든
그것을 좋아하거나
싫어하지만 않으면
그 생각은 곧 사라진다.
시시한 것에 집착할 사람은 없으니까.

,

온갖 불안과 두려움과 괴로움의 근원은
'생각으로 꾸민 이야기'다.
이야기를 꾸미지만 않으면 아무 일 없다.
불안이나 걱정은
꾸민 이야기가 언제 닥칠지 모른다고
미리 두려워하는 데 지나지 않는다.

,

과거에 걱정했던 일들이
실제로는 거의 일어나지 않았으니,
지금 걱정하는 일도
거의 일어나지 않을 거라고 통감하면
걱정이 줄어 평온에 이른다.

,

걱정을 해서 일이 해결된다면야
걱정하면 할수록 좋지만,
걱정해서 해결되는 건 아무것도 없으니
아예 걱정할 필요가 없지만,
그래도 걱정하는 게 중생이다.

9

문제 삼지 않으면
아무 문제 없고,
아무 생각 없으면
아무것도 아니다.
생사生死도
결국 생각의 문제다.

,

불안은
생존의 안전을 부정적으로
생각하는 데서 일어난다.
허나 생존은 자신의 의지와 관계없이
인연 따라 유지되다가
인연 따라 소멸해 간다.
그러니 자신을 인연에
내맡겨 버리는 게
편안에 이르는 최선책이다.

,

살아서 전혀 불안하지 않고
항상 안정된 상태를 유지한다는 건 있을 수 없다.
생물이 무생물의 상태로 존재할 수는 없으므로.

,

몸은 '지금 여기'에 있는데,
생각은 '여기'를 떠나 안 가는 데가 없다.
'지금 하고 있는 이 일' 외는 모두 망상이다.
'지금 하고 있는 이 일' 자체가 목적일 땐
망상이 끼어들 틈이 없다.

9

생각은 바람과 같아서 어디론가 간다.
생각이 과거와 미래로 떠돌아다니면
곧바로 알아차려서
'지금 여기'로 데려오는 것,
이것이 일상 속의 수행이다.

9

어떤 생각이 일어나더라도
거기에 집착하거나 저항하지 않고
그냥 지켜보기만 하는 것,
이게 명상이다.
안심安心은
집착하지도 저항하지도 않는 상태다.

9

자신의 생각을 버린 게 성자이고,
자신의 생각을 애지중지하는 게 중생이다.
그 생각을 버리지 못하는 한
반복되는 생각 때문에 반복해서 괴로움을 받는다.

9

왜 생각이 많은가?
과거와 미래에 집착하기 때문이다.
왜 망상이 일어나는가?
생각을 믿고 따라가기 때문이다.
왜 불안한가?
생각에 사로잡혀 있기 때문이다.
왜 갈등하는가?
생각과 싸우기 때문이다.
그러니 어떤 생각이 일어나더라도 상관하지 않고
그냥 내버려 두는 게
해탈로 가는 유일한 길이다.

9

추측한다는 건
생각이 과거와 미래로 떠돌아다닌다는 거다.
추측은 곧 마음의 혼란이고 소음이고 수다이니,
추측하는 한
헛된 생각에 빠져 결코 안정에 이르지 못한다.

9

자신이 가장 애지중지하는 몸이 '지금 여기'에 있으니,
'지금 여기'가 삶의 터전이고,
과거와 미래는 허구다.
그런데도 생각이 과거와 미래로 떠도니,
어찌 온갖 불안과 갈등과 회한에서 벗어날 수 있겠는가.

,

과거에 대한 집착은 '기억'에 대한 집착이고,
미래에 대한 집착은 '생각으로 꾸민 드라마'에 대한
집착이다.
그 기억과 생각으로 꾸민 드라마는
허망한 영상映像인데도 그것을 따라가니,
어찌 온갖 불안과 갈등과 회한에서 벗어날 수 있겠는가.

,

생각을 믿지 않고 따라가지 않으며,
생각과 어울리지 않고 관여하지 않으며,
어떤 생각이 일어나도
그냥 내버려 두고 상관하지 않는 것,
이것을 '내려놓음'이라 한다.

,

문제 삼지 않으면 문제는 없다.
어떤 생각이든 어떤 일이든,
저항하지 않고 그냥 내버려 두면
아무 문제가 없다.
문제 삼지 않으면 아무것도 아니다.

,

문제에 대한 답을 구하기 전에
그게 그야말로 문제가 되는지를 점검하면,
문제에 대한 답이 아니라
문제 자체가 대부분 해소된다.

,

세상이 복잡한 건
생각이 복잡하기 때문이다.
생각을 줄이면
세상은 단순해진다.
삶도 그러하다.

,

세상은 단순하다.
세상이 복잡하다면
온갖 미물들이 어떻게 살아갈 수 있겠는가.
세상이 복잡하게 보이는 건
부질없는 생각과 감정 때문이다.

,

삶은 이래야 하고 저러면 안 된다는 건
자신의 잣대로 그은 생각이다.
삶의 갈래는
사람의 생각만큼 많다.

,

지금 하고 있는 일에 집중해서 생각하는 것은
'생각의 늪'이 아니다.
그것은 삶의 힘이다.
생각의 늪은
'지금 여기'를 떠나
과거나 미래로 떠돌아다니면서
이야기를 꾸미는 생각이다.

,

흔히 남에게
'우물 안 개구리'라고 하지만
이 세상에 우물 안 개구리 아닌
사람은 없다.
세상은 각자가 감각하고 지각한
각자의 세상이다.
세상은 중생의 수만큼 많다.

,

마음을 비우려 해도 그렇게 되지 않는 것은
생각에 사로잡혀 벗어나지 못하기 때문이다.
자기 생각을 애지중지하며 잘난 체하지만
그 생각이 얼마나 허망한가를 자각하지 못하면
평생 가슴에 돌을 품고 살아간다.

,

내 생각을 남에게 말해야겠다는 생각 때문에 말이 많다.
침묵은 말하지 않음이 아니라 생각하지 않음이다.

,

이 세상을 위험한 곳으로 보아 매사에 조심하면
삶은 스트레스의 연속이다.
위험한 곳으로 보는 게
바로 부정적 생각이고 두려움이다.

,

부정적 생각은 에고에서 일어나
분노나 저항으로 나타난다.
허나 그 생각과 싸우지 않고 부드럽게 대하면
그리 자주 찾아오지 않는다.

,

부정적 생각에 저항하지 않고 부드럽게 대하면
그 생각은 '나'를 해방시켜 준다.
온화한 사람에게 시비 걸 사람은 없으니까.

,

생각은 누구에게나 일어난다.
허나 성자는 생각을 그냥 바람에 날려 보내지
결코 담아 두지 않는다.
좋은 생각도 담아 두지 않는다.
쇠사슬에 묶이나 금사슬에 묶이나
묶이긴 매한가지기 때문이다.

,
생각을 생각으로 없애려는 것은
흐린 물이 맑아지기를 바라면서
물을 휘젓는 것과 같으니,
이러지도 저러지도 말고
그냥 내버려 두는 게 상책이다.

,
오고 가는 생각에 일일이 신경 쓰지 않고
그냥 지켜보기만 하는 것,
이뿐이다.

,
목숨은 찰나에 반짝하고 꺼지는 생각이다.
반짝하기 전은 무엇이고,
반짝한 후는 무엇인가?
한 생각 일어나기 전은 무엇이고,
한 생각 꺼진 후는 무엇인가?

,
이 우주에 의미 있고 목적 있는 건
아무것도 없다.
의미와 목적을 부여하는 건
인간의 헛된 생각이다.

,

어떤 관점이나 습관을 바꾸려면
생각이 아니라
감정이 변해야 한다.
떠오르는 생각의 뿌리가 감정이기 때문이다.
머리가 아니라 가슴이 움직여야 한다.

,

과거에 대한 생각은 사람에 대한 게 많고
미래에 대한 생각은 사건에 대한 게 많다.
그러므로
과거의 사람을 떠올리지 않고
알 수 없는 미래는 인연에 내맡겨 버리는 게
단순하게 사는 길이다.

흔히 과거는 꿈같다고 해도
미래는 꿈같다고 여기지 않지만
미래도 꿈이다.

'지금' 하고 있는 일에 집중하고,
사람을 떠올리지 않는 게 번뇌를 줄이는 길이다.
사람을 떠올리면 애증愛憎이 따라오기 때문이다.

생각이 너무 많아 괴로워하면서도
생각이 없는 죽음은 두려워한다.
이게 바로 생존욕이다.

,

구하거나 바라는 게 많으면
갈등과 망상에 사로잡힌다.
성자는 '지금 이 순간'이 목적이어서
희망을 갖지 않지만,
중생은 희망이 없으면 절망에 빠진다.

9

지금 이 순간
삶이 힘든 이유는
생각에 사로잡혀 서로 싸우기 때문이다.
어떤 부정적 생각이든
생각과 싸워서는 생각이 결코 잦아들지 않는다.
생각이 떠돌아다니면 곧바로 알아차리고
'지금 이것'에 집중하는 게
번뇌를 줄이는 길이다.

9

어떤 생각에 집착하는 것,
이게 불안과 갈등의 근원이다.
그러니 오고 가는 생각에 저항하거나 집착하지 않고
그냥 내버려 두는 것,
이게 번뇌에 휘둘리지 않는 단 하나의 방법이다.

,,

생각은 분별하는 마음에서 일어나고,
다 감각 대상에 의한 망상의 기운이어서
진실로 마음의 본성이 아니다.
이미 허공의 꽃과 같은데 이러한 생각으로
부처의 경계를 논하는 것은,
허공의 꽃이 허공에서 열매를 맺는 것과 같아서
망상만 더할 뿐이다.

-『원각경』「금강장보살장」

,

자신에게
가장 소중한 시간은 '지금'이고
가장 보고 싶은 얼굴은
'자신을 가장 편하게 해주는 사람'이고
가장 소중한 일은
'자신이 좋아해서 몰두하는 일'이고
가장 큰 문제는
'생각이 너무 많다'는 것이다.

9

문

무엇이 그릇된 생각이고, 무엇이 바른 생각입니까?

답

유有를 생각하고 무無를 생각하는 게 그릇된 생각이고,

유무를 생각하지 않는 게 바른 생각이다.

선을 생각하고 악을 생각하는 게 그릇된 생각이고,

선악을 생각하지 않는 게 바른 생각이다.

마찬가지로 괴로움과 즐거움, 생김과 소멸, 집착과 버림,

원망과 정다움, 미움과 사랑 따윌 생각하는 게

그릇된 생각이고,

그것들을 생각하지 않는 게 바른 생각이다.

-『돈오입도요문론』

,

자신에게 저장된 앎과 기억을 탕진하고 탕진하여
머리가 텅 빈 상태에 이르러,
이것도 저것도 잊은 채 그냥 존재하는 자,
그에게는 괴로움도 두려움도 근심도 없다.

,

중생은 무엇이든지 저장한다.
특히 이 생각도 저장하고 저 생각도 저장한다.
허나 성자는 어떤 것도 저장하지 않는다.
이 생각도 버리고 저 생각도 버려 텅 비었다.

,

중생은 죽음을 두려워하지만
성자는 죽음을 적멸로 가는 선물로 여긴다.

,

마음에 어떠한 분별도 없고
속을 맑게 비우고 살아가며
이것과 저것에 모두 적멸한 사람
그를 성자라 한다.

-『법구경』「봉지품奉持品」

2 나에 갇혀서

,
기억을 '나'라고 생각하고,
생각으로 꾸민 드라마를 '나'라고 집착하니,
어찌 온갖 불안과 갈등과 회한에서 벗어날 수 있겠는가.

,
기억은 과거의 영상일 뿐인데
그것을 '자기의 흔적'이라 생각하기 때문에
온갖 회한과 갈등에 시달린다.
그 영상은 주인 없는 헛된 화면일 뿐이다.

,
떠도는 생각에 환멸을 느껴 거기에 질려 버려야 하는데,
그런 날이 오지 않으면 생각이 잦아들지 않는다.

,

에고를 바탕으로 한 마음의 소음,
과거와 미래로 떠돌아다니는 생각,
생각을 믿고 따라가는 마음,
무상과 인연에 대한 저항,
'좋다/싫다' '옳다/그르다' 등의 분별,
이것이 번뇌다.

,

에고는
모든 생각의 초점을 '나'에게 맞춰 놓은
이기적 의식이다.
마음은
에고를 바탕으로 해서
끊임없이 분별하고 생각하고 비교하고 헤아림으로써
번뇌를 일으킨다.
에고의 소멸이 번뇌의 소멸이고 광명이다.

’

‘마음을 비운다’고 해서 비워지는 것도 아니고,
‘집착하지 않는다’고 해서 집착하지 않는 것도 아니고,
‘생각을 버린다’고 해서 버려지는 것도 아니다.
삶의 밑바닥에 완강하게 버티고 있는 에고가 썩지 않으면
해탈은 결코 없다.

’

예로부터 에고를 버리고 다시 살아난 사람은 드물었고,
에고를 부둥켜안고 괴로움 속에 살다가 죽은 사람은
부지기수다.

’

남의 말에 즉각 반응하기 전에
그야말로 잠깐 ‘틈’을 가지는 게
수행의 시작이다.
그 틈이 에고의 충동을 잠재운다.

9

중생은 에고를 애지중지하지만,
성자는 에고가 썩어 버려서 삼라만상을 자기로 삼는다.

9

에고가 얼마나 허망하고 부질없는지를
절실히 자각하지 못하면
그것을 약화시킬 때는 영영 오지 않는다.

9

성자가 "집착하지 마라"고 하면
그야말로 집착이 끊어진 상태에서 한 말이지만,
중생이 "집착하지 마라"고 하면
그것은 집착하는 상태에서 한 말이다.
똑같은 말이지만 하늘과 땅 차이다.

집착은 생존에 전혀 도움이 되지 않는다.
생존은 집착과 관계없이 인연 따라 흘러간다.
이것을 통감하지 못하면
탐욕과 분노와 어리석음의 속박에서
벗어나지 못한다.

어떤 말을 듣든,
어떤 일이 일어나든,
집착하지 않고 저항하지 않으려는 마음가짐,
이게 수행의 시작이다.

,

에고의 발현이 저항이고,
탐욕과 집착 때문에 저항한다.
오고 가는 인연을 거스르고,
늙고 병들고 죽는 것에 순응하지 않는 게 저항이다.
저항은 삶을 고달프게 할 뿐
도움 되는 건 아무것도 없다.

”

저항의 뿌리는 에고다.

저항은 분노이고,

분노가 많다는 것은 에고가 강하다는 증거다.

그러니 매사에 저항하지 마라.

‘나’와 ‘남’에게도 저항하지 말고,

생로병사에도,

무상에도,

인연에도 저항하지 마라.

‘저항하지 않는다’는 경구를 간직한 자,

그는 일상 속의 수행자다.

,

저항 없이 가고 머물고 앉고 눕는다.
이게 인연 따라 사는 삶이다.
아무런 저항이 없는데
어찌 괴로움이 있겠는가.

,

움직인다고 행복해지는 건 아니건만
사람들은 행복해지려고 끊임없이 움직인다.
헌데 행복이나 불행은
시시각각으로 변하는 한낱 감정일 뿐이다.

,

행복을 추구하는 건
지금 자신이 불행하다는 증거다.
행복을 추구하지도 않고
불행을 회피하지도 않으면
행불행에서 벗어나
그냥 산다.

9

'현실'은 진실이고,
'현실에 대한 생각'은 꾸민 이야기다.
이렇게 해야 하고 저렇게 하면 안 된다가
에고이고 속박이고 꾸민 이야기다.

9

타고난 성품이 다 다르고,
환경이 다 다르고,
시각이 다 다르고,
경험이 다 다르고,
인연이 다 달라
똑같은 얼굴 없듯이
생각이 다 다를 수밖에 없는데도,
남의 생각이 자기 것과 같기를 바란다.

9

흔히 남에게 '색안경을 끼고 세상을 본다'고 하지만
이 세상에 색안경을 끼지 않은 사람은
단 한 사람도 없다.
문제는
자신의 색안경이 최고라고 우기는 데 있다.

9

'내 생각'이 고苦를 일으키는 근원이고,
내 생각에 집착하는 게 나에 대한 집착이고,
내 생각을 떠벌리는 게 에고다.

9

마음을 비우려고 해도 그렇게 되지 않는 것은
에고를 애지중지하기 때문이다.
이 에고가 실은 온갖 괴로움의 뿌리여서
생존에 불리하게 작용한다는 걸
절실히 자각하지 못하면
평생 지옥에서 벗어나지 못한다.

,

이 세상은 안전하지도 않고 위험하지도 않다.
세상은 인연 따라 그냥 흘러간다.
세상을 안전한 것으로 보면 편하고,
위험한 것으로 보면 불안하다.

,

인연에 내맡기면
이 세상이 안전하게 보이고
인연에 저항하면
이 세상이 위험하게 보인다.

,

어쩜 통제력을 잃어 잘못되지 않을까 걱정할 수도 있지만
우리는 통제력을 가진 적 없이 그냥 살았다.
그리고 아무 일 없었다.
생각을 따라가니까 불안에 시달리는 거다.

,

탐욕과 집착의 안개 속을 헤매면서
자신의 품위가 손상되지 않았는지를 점검하느라
노심초사하고,
자신은 이래야 하고 저러면 안 된다는 강박증에 시달리고,
자신을 대단한 존재로 착각하고,
남에게 인정받으려는 욕망에 끌려가고,
누군가에게 어떤 말을 해야겠다는 생각을 일으키고,
'기분 나쁘다'에 사로잡히는 게
중생의 삶이다.
헌데 아무 생각 없으면 아무것도 아니다.

9

에고와 미혹으로 뒤범벅된 자신의 생각을
대단한 걸로 여기고
남에게 자랑하면서 사는 게 중생이다.

9

중생의 탐욕이 끝없는 건
'내 것'으로 소유하는 쾌감에 중독되어 있기 때문이다.
이 쾌감에 빠져 있는 한
집착과 괴로움과 갈등에서 벗어나지 못한다.

9

중생의 소유욕이 끝없는 건
아무리 많이 가지더라도
뭔가 '부족하다는 생각' 때문이다.
만족할 줄 모르면
아무리 많이 가져도 죽을 때까지 부족하다.

,

자신의 삶에서 어떤 면이 조금만 달라지면
행복할 거라고 생각하지만
그 어떤 면이 달라지면
달라져야 할 게 계속 나타난다.
지금의 자신에 자족自足하지 않으면
영영 불만과 갈등 속에 산다.

,

감사할 줄 모르는 건
바람과 구함이 많기 때문이다.
지금 감사할 줄 모르면
평생 감사할 줄 모른다.

3 분별의 늪에 빠져서

,

분별은
'좋다/싫다' '사랑하다/미워하다' '옳다/그르다'
'아름답다/추하다' '깨끗하다/더럽다' 따위
온갖 감정과 차별을 바탕으로 한 2분법이다.
그 2분의 분별에 민감하면 할수록 생각이 많아
갈등하고 긴장한다.

,

어떤 현상이든 그 자체는 중립이다.
헌데 인간은 그 현상을
2분법으로 감각하거나 지각한다.
이것이 불안과 갈등의 원인이다.

,

중생이 불안하고 괴로운 건
자신이 지은 마음속 분별과 화면에 끌려다니기
때문이다.

,

대상 그 자체에는 '좋다/나쁘다'가 없다.
'좋다/나쁘다'는 마음의 산란이고 요동이다.
평온한 마음에는 '좋다/나쁘다'가 없다.

,

마음의 잣대가 썩어 버려
온갖 시비와 잘잘못이 용해되고,
사는 것도 죽는 것도 잊은 채
지금 여기에 그냥 존재하는 자,
그는 한가하다.

‘나’라는 생각에서 2분의 분별이 시작되니,
그 생각이 온갖 번뇌의 근원이다.

도道에 이르는 데는 어려움 없나니
다만 분별을 꺼릴 뿐
미워하거나 사랑하지만 않으면
확 트여 명백하리라.

-『신심명』

,,

오직 유무有無를 취하지만 않으면 곧 진정한 해탈이다.

-『돈오입도요문론』

,

모든 현상은 그냥 흘러가는데
스스로 온갖 차별을 일으켜 얽매이고 분노한다.

,

온갖 감정의 뿌리는
'좋다/싫다'이다.
마음을 산란하게 하는 감정에 휘둘리지 않는
단 하나의 길은
'좋다/싫다'에 둔감해지는 것이다.
'좋다/싫다'는 자신이 그은 허구의 분별이다.

,

'좋다/싫다' '옳다/그르다' '깨끗하다/더럽다' 따위
2분의 분별이 끊어진 무분별의 상태,
이를 공空이라 한다.
공은 모든 현상의 차별을 떠난 상태여서,
온갖 번뇌와 함께하지 않는다.

,

온갖 2분의 분별은
어떤 대상이나 상태에 대한 생각의 대립이다.
그 대립의 한쪽은 다른 한쪽을 전제로 하고,
한쪽이 없으면 다른 한쪽도 없다.
'좋다'가 없으면 '싫다'가 없고,
'깨끗하다'는 '더럽다'를 전제로 하고,
'꽃'은 '꽃 아닌 것'과 대립한다.

9

마음이 오염되었다는 것은

2분의 분별과 감정에 물들었다는 뜻이다.

9

2분의 분별과 감정이 갈등의 뿌리다.
'더럽다'는 생각 때문에
'깨끗하다'는 생각이 일어나고,
'깨끗하다'는 생각이 있어
'더럽다'는 생각이 일어난다.
중생은 끊임없이 어느 한쪽에 집착하고
다른 한쪽에 저항(분노)한다.
그 두 생각이 없다면 어찌 갈등이 일어나겠는가.
2분의 분별은 허망한 생각이다.
그런 건 애당초 있지도 않았다.
2분의 분별이 용해되어 버린 상태,
이를 공空이라 한다.

9

헛된 생각으로 온갖 차별이 있으니,
그 생각 소멸하면
'하나'다.
하나에는 경계가 없어
삶도 죽음도 없다.
'무無'.

9
미혹하면 고요함과 어지러움이 생기고
깨달으면 좋음과 미움이 없나니
모든 두 끝은
생각하고 가늠하는 데서 생긴다.

꿈속의 허깨비와 허공의 꽃을
어찌 애써 잡으려 하는가.
얻음과 잃음, 옳음과 그름을
일시에 놓아 버려라.

잠에서 깨어나면
온갖 꿈 저절로 사라지고
마음이 차별하지 않으면
만법은 하나니라.

-『신심명』

9

인간은

'기분 좋다'를 추구하는 단순한 감정의 동물이다.

기분 좋은 상태에 집착하면 할수록,

그 상태에 민감하면 할수록,

기분 나쁜 상태에 더욱 더 저항하게 되어

불안정에 휘둘린다.

안정은

기분 좋은 상태에 집착하지 않고,

기분 나쁜 상태에 저항하지 않는 중도中道에 있다.

집착할 것도 저항할 것도 없는 게 해탈이다.

9

'기분 좋다'와 '기분 나쁘다'에 민감하면
결코 괴로움과 갈등에서 벗어나지 못한다.
살다 보면 온화한 날도 있지만
몹시 춥거나 무덥기도 하고
천둥치고 폭우도 내린다.

9

'기분 나쁘다'는 느낌이 일어나면
곧바로 알아차려야 한다.
그래야 그 기분에 끌려가지 않는다.
'기분 나쁘다'는
에고에서 일어나는 부질없는 감정이다.

9

'기분 나쁘다'에 얽매이지 않으면
번민할 게 없다.
인욕이란 '기분 나쁘다'에 집착하지 않는 수행이다.

9

중생의 마음은
에고를 바탕으로 2분화되어,
한쪽을 추구하고 다른 한쪽을 회피하며
그 양쪽을 끊임없이 왕복한다.
하지만 한쪽을 지나치게 탐닉하지 않고,
다른 한쪽을 지나치게 싫증내지 않으면
흔들림이 약화되어
안정에 이른다.

9

'잘했다/잘못했다'는 두 감정만 없애면
과거의 부질없는 생각이 소멸되고,
구하지 않고 원하지 않으면
미래의 헛된 생각이 소멸된다.

,

무념無念이란

아무런 생각이 없는 게 아니라

생각을 떠나지 않으면서

그 생각에 얽매이지 않고,

생각을 일으켜 보거나 듣거나

느끼거나 알더라도

그것에 집착하거나 물들지 않고,

대립하는 2분의 분별이

모조리 용해되어

생각이 갈 데가 없는 상태이다.

9

생각이 일어나기 이전,
이름이 있기 이전,
온갖 2분의 분별이 함몰해 버린
천연 그대로의 '그것'이 나의 본디 얼굴이다.
그 얼굴에 짙게 화장했으니
온갖 번뇌에 시달릴 수밖에.
그래서 선사들이
'태어나기 이전의 상태로 돌아가라'고 했다.

4 자아는 없다

'나'라는 생각이 첫 번째 에고이고,
'몸-마음'에 대한 집착이 첫 번째 집착이고,
'나/나 아닌 것'이라는 경계가 첫 번째 분별이다.
이 에고와 집착과 분별이
고苦의 근원이다.

'몸'을 아무리 애지중지해도
그것은 자신의 의지와 관계없이
인연 따라 유지되다가
인연 따라 변하고 사라진다.
생긴 건 반드시 소멸하고,
모인 건 반드시 흩어진다.
몸에 대한 과도한 집착이
불안과 두려움의 근원이다.

9

몸의 안전에 민감하면 할수록
세상이 불안하고 위험하게 보인다.
허나 몸의 안전은 인연 따라 유지되다가
소멸하는 것이지
자신이 통제할 수 있는 게 아니다.
몸을 인연에 내맡기지 못하면
불안과 두려움은 끝이 없다.

9

몸에서 내 의지로 움직일 수 있는 건
목과 팔다리 정도에 불과할 뿐.
분명 내 것이지만
오장육부는 내 의지로 움직이지 못한다.
내 몸은
내가 통제하지 못한다.

9

건강하지 않으면 않을수록 몸에 더욱 집착하게 되지만
건강은 자신의 의지와 관계없이 주어진 인연이다.

9

인간을 구성하는 다섯 가지 요소의 무더기,
몸[色]·느낌[受]·생각[想]·의지[行]·인식[識]을
5온蘊이라 한다.

9

5온에 대한 집착이
'나'에 대한 집착이고,
'몸-마음'에 대한 집착이고,
중생의 첫 번째 집착이다.
온갖 괴로움은 5온을 바탕으로 해서 일어나기 때문에
자신의 '몸-마음'에 집착하는 한,
평온도 없고 해탈도 없다.

,

'나 자신'을 5온으로 해체해서
매 순간 생기고 소멸하는 생멸을 거듭 알아차리고,
거기서 무상·고·무아를 꿰뚫어 보아야
'나 자신'에 대한 집착이 희박해져 간다.

,

이슬 같고 물거품 같고 아지랑이 같은 5온을
보석으로 착각하니,
집착과 탐욕에 빠지고
불안과 두려움에 사로잡힌다.
5온은 그냥 인연 따라 지탱되다가
인연 따라 허물어지는 무더기일 뿐이다.

,

몸은 물거품
느낌도 물거품
생각도 물거품.
그 물거품에 얽매여 끌려다니니
온갖 불안과 괴로움에서 벗어나지 못한다.

,

5온에는 홀로 존속하는 실체도 없고,
고유한 본질도 없고,
고정된 경계도 없고,
불변하는 틀도 없다.
중생은 5온에 집착하여 얽매이고,
수행자는 5온을 무상·고·무아라고 통찰한다.

,

5온에 대한 집착을 끊고
고요히 사유하여 지혜로워지면
다시는 괴로움의 연못으로 돌아가지 않나니
모든 것을 버려 그 마음이 밝다.

-『법구경』「명철품明哲品」

,

비구들아, 갠지스 강의 물결을 보아라.
거기에는 실체도 없고 본질도 없다.
비구들아, 어떻게 물결에 실체와 본질이
있겠는가.

몸은 물결
느낌은 물거품
생각은 아지랑이
의지는 파초
인식은 허깨비.

이것이 세존의 가르침이다.

–『상윳타 니카야』 22:95, 「물거품」

9

지금 나의 이 몸은 땅 · 물 · 불 · 바람이 화합한 것이니,
머리카락 · 털 · 손발톱 · 이빨 · 살갗 · 살 · 힘줄 · 뼈 ·
골수 · 뇌 · 더러운 형상은 다 땅으로 돌아가고,
침 · 콧물 · 고름 · 피 · 진액 · 가래 · 땀 ·
눈물 · 정기 · 대소변은 다 물로 돌아가고,
따뜻한 기운은 불로 돌아가고,
움직이는 기운은 바람으로 돌아간다.
땅 · 물 · 불 · 바람이 제각기 흩어지면
지금의 허망한 몸은 어디에 있겠는가.
이 몸은 끝내 실체가 없고
화합해서 형상이 이루어진 것으로
허깨비 같음을 알게 되리라.

-『원각경』「보안보살장」

9

무아無我는
독립된 '개체적 자아'라는 생각이 소멸되고,
에고가 죽고,
'나/나 아닌 것'의 2분법이 허물어져
온갖 분별이 끊어진 상태다.
모든 경계가 붕괴해 버렸으니
'하나'다.

,

무아는
'자아의 해체'다.
자아의 해체가 곧 해탈이다.

,

에고가 폭발해 버린 상태가 무아이고,
에고의 불길이 남김없이 꺼져 버린 상태가
열반涅槃이다.

,

이 생각도 버리고 저 생각도 버리고,
버리고 또 버리면
무아에 이른다.

,

무아의 상태에서는 행위자는 없고 행위만 있다.
일에 몰입해 있을 땐
일하는 자는 없고 일만 있으며,
놀이에 빠져 있을 땐
놀이하는 자는 없고 놀이만 있다.

,
여러 요소가 모여 하나의 현상을 이루고
그 요소가 흩어지면 하나의 현상도 소멸하니,
어떤 현상에도
불변하는 실체가 없고
고유한 본질도 없다.

,
나무가 무성하면 숲이라 하고,
땅·물·불·바람이 화합하여 몸을 이루고,
사람이 많이 모이면 군중이라 한다.
나무가 죽으면 숲이 없고,
땅·물·불·바람이 무너지면 몸이 없고,
사람이 흩어지면 군중이 없으니,
숲과 몸과 군중에는
고유한 실체가 있을 수 없다.

,

모든 현상은
무수한 원인과 조건 들이 서로 의존해서
모였다가 흩어지고 나타났다가 사라지는 과정이다.
거기에는 독자적으로 존속하는 실체도 없고,
불변하는 본질도 없고,
고정된 경계도 없다.

,

목탁 소리는,
목탁과
목탁 채와
목탁을 치는 자와
소리를 나르는 공기와
듣는 자의 귀가
서로 의존해서 발생한 결과다.

,
모든 현상에는 아무런 경계가 없다.
경계를 그어 분할한 건
생각이고 언어이다.
경계가 없는 건
언어 이전이고
생각이 끊어진 상태.
'하나'이고 '무無'다.

,

성자들은 죽기 전에 여러 번 죽었다.
'나'라는 생각이 죽었고,
'내 것'이라는 생각이 죽었고,
몸에 대한 집착이 죽었고,
에고가 죽었다.
'나'라는 생각이 죽어
온 천지와 '하나'가 되어
삶과 죽음이 소멸되었다.

,

'자아'에 대한 온갖 견해는
다 쓸데없다.
자아는 애당초 있지도 않았다.
자아라는 생각 때문에
죽음의 두려움이 일어난다.

,

자신의 생존에 아무런 이익이 없는데도
무조건 이기고자 하고,
자신을 특별한 존재로 착각하니
자만심이 일어난다.
한 푼의 가치도 없는 자만심 때문에
갈등과 분노와 긴장 속에 산다.

,

자존심은 마음에 상처만 남길 뿐
삶에 아무런 도움이 안 된다.
소중히 간직하는 자존심이
자신이 만든 헛된 생각임을 자각 못하면
평생 갈등 속에서 헤맨다.
인격이니 품위니 하는 건
다 부질없는 관념이다.

,

'기분 나쁘다'는
자존심이 상해서 일어나는 감정이다.
편하게 살아가기가 어려운 것은
그 허망한 자존심을 소중히 여기기 때문이다.

9

자신이
아무것도 아닌 것으로 되면
다른 모든 것도
아무것도 아닌 것으로 되고,
자신이
무無가 되면
일체도
무無가 된다.

5 삶과 죽음의 굴레에서

,
태어나고 싶어 태어난 것도 아니고,
늙고 싶어 늙은 것도 아니고,
병들고 싶어 병드는 것도 아니고,
죽고 싶어 죽는 것도 아니니,
생로병사에
어찌 자신의 의지가 있을 수 있겠는가.

,
생로병사에 자신의 의지가 없으니
내 몸의 주인은
내가 아니다.
그러니까 자신의 의지로 사는 게 아니라
인연 따라 흘러가는 것이다.

,

태어나지 않은 상태가 적멸寂滅인데,
태어났으니 적멸이 깨지고
온갖 분별이 일어나
고해苦海에 빠졌다.

,

중생의 삶이란
'기분 좋은 상태'를 추구하고
'기분 나쁜 상태'를 회피하기 위해
움직이기를 반복하는 데 지나지 않는다.

,

우리는 구멍으로 태어났다.
눈·귀·코·입·생식기·항문
다 구멍이다.
구멍은 비었다.
그 텅 빈 공간이 희로애락의 근원지다.

,

어떤 현상을 회피해도 찾아오고,
어떤 것을 추구해도 얻지 못하고,
어떤 현상이 닥치지 않기를
바라도 찾아오고,
어떻게 되기를 바라도 바라는 대로 되지
않으니
고苦일 수밖에 없지 않은가.
그러니 추구하지도 회피하지도 않고,
바라지도 저항하지도 않고,
인연 따라 흘러간다.
이게 안주安住다.

건강하고 싶으나 그렇게 되지 않고,
좋은 인연을 만나고 싶으나 뜻대로 되지 않고,
좀 더 갖고 싶으나 얻지 못하고,
싫은 걸 피하고 싶으나 계속 부딪치고,
따분해서 뭔가를 하려고 하지만 할 게 없으니
고苦일 수밖에 없지 않은가.
그러니 바라지도 회피하지도 않고,
인연에 내맡기고 그냥 존재하는 것,
이것 외에 다른 길은 없지 않은가.

,

태어나기 전을 생각할 수는 있어도 체험할 수는 없다.
태어나기 전에는
아직 감각 기관이 형성되지 않았기 때문이다.

9

죽음을 생각할 수는 있어도 체험할 수는 없다.
죽으면 감각 기관이 소멸하기 때문이다.
죽음을 두려워하는 건
실은 '죽는다는 생각'을 두려워하는 것이다.
죽음은 체험할 수 없으므로
죽음을 생각하지 않으면 죽음은 없다.
그래서 불사不死·무사無死라 한다.

,

현생도 모르는데
어찌 전생을 알겠으며,
현생도 모르는데
어찌 내생을 알겠는가.
전생과 내생은
현생의 불안과 두려움에서 일어나는
부질없는 생각이다.

,

전생에서 벗어나고 후생에서도 벗어나고
현생에서도 벗어나면 피안에 이른다.
모든 생각이 멸하면
다시는 늙고 죽는 일 없으리라.

-『법구경』「도행품道行品」

9

태어나기 전에도 아무것도 없고,
죽은 후에도 아무것도 없어서,
없기는 마찬가지.
죽음은 태어나기 전으로의 회귀다.

9

죽음은
태어나기 전과 같다.
태어나기 전을 두려워하지 않으면서
죽음을 두려워하는 건
다 헛되고 부질없는 생각을 믿고 따라가기 때문이다.

9

사람이 죽으면 '돌아가셨다'고 한다.
태어나기 전의 저 세상으로 '돌아가셨다'이다.
그러니 죽음도 저 세상,
태어나기 전도 저 세상이다.
저 세상을 두려워하는 건
다 헛되고 부질없는 생각을 믿고 따라가기 때문이다.

,

태어남은 체험할 수 없고,
늙어가는 게 무상이고,
생물이 어찌 아프지 않을 수 있겠으며,
죽음은 체험할 수 없으니,
중생이 생로병사에 시달리는 건
다 헛되고 부질없는 생각을 믿고 따라가기 때문이다.

죽음은 '꿈 없는 잠',

죽음은 영원한 잠[永眠].

온갖 과거의 경험과 미래는 생각의 흐름이다.
생각하며 살다가 생각을 멈추는 게 죽음이다.
죽어서 가는 곳은
태어나기 전의 본래 그 자리다.

,

삶과 죽음에 지나치게 민감하면
삶이 불안해지고,
불안과 편안에 지나치게 몰두하면
마음이 산란해진다.

,

어떤 현상이든
관심 가지지 않으면
아무것도 아니다.
삶과 죽음조차도.
그래서 '오직 마음뿐'이라 한다.

,

삶에 과잉 반응하면
자신이 분열되어 불안하고
죽음에 민감해지니,
무심히 그냥 존재하는 게
평온에 이르는 길이다.
허나 절대적 평온이란 있을 수가 없다.
생물이 바위가 될 수는 없지 않은가.

9

성자는 삶에도 민감하지 않고
죽음에도 민감하지 않다.
삶과 죽음의 경계가 없기 때문이다.
불생불멸不生不滅.

9

천지는 꽃나무,
인생은 잠깐 피었다가 떨어지는 꽃.
삼라만상과 자신을 분리시키지 않으면
생사生死가 없어진다.

,
북한산의 나무 한 그루가 '나'라 하고,
옆에 있는 나무를 '너'라 했다.
그 나무들이 아무리 생멸을 거듭해도
북한산은 생멸하지 않는다.

,
강들이 흘러 바다에서 하나가 되듯이,
중생도 인연 따라 흘러 하나로 돌아간다.

,

태어나기 전은 하나이고,
태어나서는 둘로 쪼개지고,
죽어서 다시 하나가 된다.

,

파도가 끝없이 일어났다 부서지지만
바다는 하나다.
생물들이 태어나서 죽기를 끝없이 되풀이하지만
삼라만상은 하나다.
그 하나에는 생사生死가 없다.

9

태어나기 전의 억겁도 무無
죽은 후의 억겁도 무
이 영겁의 무에
현재가 끼어들 틈이 무.

6 인연에 내맡기는 삶

9

인연 따라 태어나
인연 따라 머물다가
인연 따라 사라지니
생로병사가 다 인연의 흐름이다.

9

한량없는 인연의 그물 속에서
생겨난 건 소멸하고,
나타난 건 사라지고,
모인 건 흩어지니,
세상은 다 인연의 흐름이다.

,

모든 현상은 서로 연결되어 저절로 일어나고
서로 의존하여 저절로 소멸한다.
이게 인연이다.
인연에는 독자적인 존재가 없어
의지도 없고 주체도 없다.

,

인생에는 어떤 일도 일어날 수 있고,
어떤 일도 일어나지 않을 수 있다.
이게 인연이다.

,

모든 현상은 찰나에 생멸을 거듭하고,
찰나의 생멸 속에 나의 생사生死가 있다.
그 생멸에 나의 의지는 없고
오직 인연만 있으니,
인연 따라 와서 살다가
인연이 다하면 영원히 잠든다.

9

삶은 생각과 선택의 연속이다.
원하지도 않았는데 이 세상에 태어났듯이
자신의 의지로 선택하는 게 아니라
인연에 의해 선택되고,
선택된 결과는 예측할 수 없다.

,

자신을 인연에 다 내맡겨 버린 게
인연 따라 사는 삶이다.
인연에 파묻혀 흘러가는 삶에는
갈등도 두려움도 원망도 걱정도 없다.
자신을 인연에 다 주어 버려
자신이 인연이고
인연이 자신이기 때문이다.
생각에 얽매여
인연 속으로 들어가지 않고
밖에서 서성이면
편하게 살아갈 날은 영영
오지 않는다.

9

괴로움에 집착하면 괴로움은 가중된다.
괴로우면 괴로운 대로
즐거우면 즐거운 대로 사는 게
인연 따라 흘러가는 삶이다.

,

모든 것에 저항하지 않고
흘러가는 대로 내버려 두는 것,
이게 인연 따라 사는 삶이다.
인연을 따라가면
이래도 괜찮고 저래도 괜찮은
'긍정의 평온'에 이른다.

9

주어진 상황을 받아들이지 않고
저항하는 데서 온갖 갈등이 일어난다.
수용은 주어진 상황에 저항하지 않고
다 받아들이는 마음 상태다.
그야말로 전면적 긍정이다.

9

허공 같은 마음은
어떤 것도 가리지 않고
다 받아들인다.
거울 같은 마음은
어떤 것도 왜곡하지 않고
있는 그대로 드러낸다.

,

'관계'로 엮인
인연의 그물 속에 살면서
인연에 저항하는 건
삶에 대한 저항이다.
저항은 원망과 갈등만 가져다줄 뿐
살아가는 데
아무런 도움이 되지 않는다.

,

살면서 어떤 궂은일을 겪어도
그건 다 인연의 흐름이지
나의 탓도 남의 탓도 아니다.
그러니 자책할 것도 원망할 것도 없다.

,

춥다고 저항하고 덥다고 저항하면
갈등은 끝이 없다.
그래서 선사들이 '겨울은 춥고 여름은 덥다'고 했다.

,

온갖 인연에 저항하면 갈등과 스트레스는 끝이 없다.
이런 일도 있고 저런 일도 있는 게 인연이고
이 세상에 인연 아닌 건 없으니
인연 따라 흘러가는 것,
이것이 '내맡김'이다.

9

온갖 일은 다 인연 따라 일어나는 것이지,
자신의 뜻이나 의지에 따라 일어나는 게 아니다.
지금 자신의 처지는
자신의 의지로 어찌할 수 없었던 인연의 결과이므로
자신에겐 아무런 잘잘못이 없다.
그러니 뒤돌아볼 필요도 없고,
앞날에 대한 일은 '모른다'가 정답이므로
인연에 내맡길 수밖에 없지 않은가.

9

앞날의 삶은
구름 같아서
어디로 흘러갈지를 예측하는 건
불가능하다.
하여 걱정해 봐야 소용없으니
인연에 내맡길 수밖에 없지 않은가.

9

생각이 많은 이유는
몸과 사람과 돈 때문이다.
허나 그것들이 자신의 의지대로 되지 않으니,
인연에 내맡길 수밖에 없지 않은가.

,

낙엽이 언제 어디에서 떨어져
어떤 경로를 거쳐 여기에 있는지 누가 알겠으며,
나뭇잎이 언제 어디에 떨어져 썩을지 누가 알겠는가.
과거의 인연도 모르고,
미래의 인연도 모른다.

,

과거의 일에 대한 회한은 자책이다.
과거의 자신은 관계로 엮인 인연 따라 흐른 과정이어서
자신에겐 아무런 잘못이 없다.
그러니 자신을 책망할 일이 아니다.

,

자신을 인연에 내맡겨 버리면 세상이 안전하게 보이고,
인연에 저항하면 세상이 위험하게 보인다.
인연에 몽땅 내맡겨 버리는 것,
이것을 '포기'라 한다.
포기한 자에게는 불안도 없고 두려움도 없다.

,

허망한 인연을 따라 흐르고 흘러
여기까지 왔으나
그 중간에 자신의 의지는 없었다.
대단한 것도 없고,
시시한 것도 없고,
내세울 것도 없고,
후회할 것도 없고,
아무런 잘잘못도 없다.
지금 자신의 상태는 자연이 준
인연의 결과인데,
무엇을 더하고 뺄 수 있겠는가.
지금의 자신은 최선이다.

,,

지금 자신이 건강하든 아프든 그건 인연의 흐름이지
자신의 잘잘못으로 그렇게 된 게 아니다.
끝없이 펼쳐진 무한한 인연의 그물 속에는
자력自力도 타력他力도 없고,
단지 서로 의존하면서 함께 흘러가는
'관계'만 있을 뿐이다.

,

인연은 넝쿨처럼 얽히고설켜서 흘러가는 관계다.
거기에는 좋거나 나쁜 게 있을 수 없다.
마치 자연 법칙에 좋거나 나쁜 게 없는 것과 같다.
인연에 저항하면
자기 가슴만 깎는다.

,

인연은 그냥 인연이다.
좋은 인연도 없고
나쁜 인연도 없다.
'재수 없다'도 인연이고
'운 좋다'도 인연이니,
인연에는 아무런 잘못이 없다.
그러니 인연에 내맡긴 몸과 삶,
이것으로 단순하게 산다.

9

인연에 내맡긴 삶은

자족自足하고 감사하는 마음이다.

자족과 감사를 모르면

죽을 때까지 불행과 불평 속에서 산다.

9

아무리 발버둥 쳐도
올 인연은 반드시 오고,
갈 인연은 반드시 간다.
올 인연은 꼭꼭 숨어도 오고,
오지 않을 인연은 대문을 활짝 열어 놓아도 오지 않으니,
애태울 것도 없고 아쉬워할 것도 없다.

,

몸과 사람과 돈을 가장 소중히 여기고 가장 집착하지만,
그것은 자기 의지와 관계없이
인연 따라 유지되다가 때가 되면 떠난다.
인연은 거기까지다.

,

기쁨도 오래가지 못하고
슬픔도 오래가지 못한다.
인연과 중생의 마음이
한결같지 않은 탓이다.

,

하루에도 쉴 새 없이
고락을 되풀이하고
지옥과 극락을 왔다 갔다 하는 게
중생의 마음이다.

9

겹겹이 쌓여 끝없이 펼쳐진 '관계',
모든 현상이 서로 의존해서 일어나
걸림 없이 서로가 서로를 받아들이고
서로가 서로에게 끝없이 작용하면서 흘러가는 세계,
역동적인 '하나의 거대한 그물의 무더기' 같은
관계의 세계,
이게 인연의 파노라마다.

7 관계는 흐른다

,

남에게 어떤 것을 바라거나 기대하지 않고,
남이 자신을 알아주거나 인정하기를 바라지 않고,
뭔가를 주장하려고 바둥거리지 않는 게
편히 사는 길이다.

,

화가 나거나
남에게 저항하는 말을 하려는 충동이 일어날 때는
곧바로 알아차리고 그야말로 잠깐,
단 1초만이라도 '틈'을 가지면
그 충동은 수그러든다.
이것이 일상 속 수행이다.

,

서로 말하는 과정에서
충돌이 생기면 서로 이기고자 하지만
말은 말일 뿐 삶이 아니다.
말 때문에 기분이 나빠질 수도 있지만
말은 그냥 지나가는 소리다.
말에 집착하면
갈등 속에서 내가 분열된다.

❜

예나 지금이나
사람들이 서로 비난하네.
말이 많다고 비난하고
또 말이 적다고 비난하고
알맞게 말해도 비난하니
세상에서 비난받지 않는 사람 없네.

-『법구경』「분노품」

,
나의 얼굴을 자세히 보는 사람도 나뿐이고,
나의 외모에 신경 쓰는 사람도 나뿐이고,
나를 주목하는 사람도 나뿐이다.
남들은 나에게 관심 없다.

,
남들이 나를 주시할 거라고 생각하거나
남들의 시선에 신경 쓰는 건
구속이고 속박이다.
허나 걱정할 것 없다.
남들은 나에게 관심 없다.

,
남들이 나에게 관심 없다는 걸 알면
삶이 편해진다.
남을 의식할 필요도 없고,
남이 나를 어떻게 생각할까를 생각할 필요도 없으니까.

,
남이 나를 어떻게 생각할까는
남의 문제이지 나의 문제가 아니다.
남은 나의 기대에 부응하기 위해 살지 않으니까
남의 기대에 부응할 필요가 없지 않은가.

,
그때 내가 그에게 이렇게 말했어야 했고
저렇게 말하지 않았어야 했다는 생각,
언젠가 그에게 이런 말을 해야겠다는 생각,
그가 나를 어떻게 생각할까 하는 생각,
이 생각만 하지 않으면
번민할 게 없다.

,
사람의 관계에서 자신에게 유리하게 맞춰 놓은 예측은
결국 착각으로 끝나 자신에게 분노와 실망만 안겨 준다.
아예 예측하지 않는 게 상책이다.

,

남에게 충고하거나 남의 일에 끼어드는 사람은
자신의 생각을 남에게 주입시키려는 이기주의자다.

,

남에게 이래라 저래라 하는 사람은
자신의 생각이 최고라고 착각하는 자다.
사람이 살아가는 방법은
사람의 머릿수만큼 많다.

,

자신의 생각을 남에게 강요하는 게
에고이고,
남의 생각이나 행동이
자신과 다르다고 해서
저항하는 게 분노이다.
모든 인간은 충고를 싫어한다.
그냥 내버려 두면 제 갈 길 간다.

9

남의 체험을 내가 체험할 수 없고,
나의 체험을 남이 체험할 수 없는데도
그 체험이 전달되는 걸로 착각한다.

9

'나'가 '남'이 될 수 없듯이,
나는 남을 이해하지 못하고,
남도 나를 이해하지 못한다.
남에게 뭘 바라지 마라.

9

'나'가 '남'이 될 수 없듯이,
나는 남의 아픔을 느끼지 못하고,
남도 나의 아픔을 느끼지 못한다.
남에게 뭘 기대하지 마라.

,

'나'가 '남'이 될 수 없는데도
남에게 뭘 기대하면
분노와 실망의 나락에 빠진다.
천지간에 혼자서 가라.

,

'나'가 '남'이 될 수 없지만
나의 가슴이 소중하듯
남의 가슴도 소중하니,
결코 남의 가슴에 상처 주지 마라.
남을 보호하는 게 나를 보호하는 것이다.

,

'나'가 '남'이 될 수 없는데도
남이 나에게 베풀면 얼마나 감사한가.
그러니 어찌 남에게 베풀지 않을 수 있겠는가.

자신의 삶이 누군가에게 도움이 되기를 바라는 사람,
그는 간결하게 산다.

,

단순하고 헌신하는 사람,

그는 잔잔한 기쁨을 누린다.

,

자신을 대단하고 특별한 존재로 착각하니까

대접받고 인정받으려고 한다.

남들은 나를 그렇게 생각하지 않는다.

분노와 스트레스의 연속이다.

,

대접받고 싶어 하고 인정받고 싶어 하면 할수록

분노와 갈등 속으로 빠져든다.

분노는 자기와 생각이 다른 데 대한 저항이다.

헌데 이 세상에 자기와 생각이 같은 사람은

단 한 사람도 없다.

똑같은 뇌가 없기 때문이다.

,

남에게 주목받고 인정받기를 원하고,
우월감을 지니고 있는 한
결코 편하게 살지 못한다.
남들은 나를 주목하지 않는다.

,

남에게 뭘 바라지 않고
저항하지 않고
뭘 내세우지 않으면
편하다.

9

남에게 인정받고 싶어
말이 많고 자랑하고 잘난 체하지만,
그것이 탐욕의 뿌리라는 걸 자각하지 못하면
아만我慢은 결코 붕괴되지 않는다.

,

잘난 체하는 게 아만이다.
그것은 탐욕과 집착에서 일어난다.
아만이 강한 사람은
누구에게 무슨 말을 해야겠다는 생각이 강해
마음이 산란하고 요동하므로
평온도 없고 안정도 없다.
아만이 소멸해야 평온과 안정이 온다.

,

한 꺼풀의 생각만 걷어 내면 딴 세상인데
그걸 하지 못하는 건
중생의 아만 때문이다.

,

내가 잘난 체해도
남들은 나를 잘났다고 생각하지 않는다.
이걸 모르니까
죽을 때까지 잘난 체한다.

,

자신을 높이고 남을 낮추는 아만我慢,
자신을 독립적인 존재라고 착각하는 아견我見,
자신만 아끼고 소중히 여기는 아애我愛,
자신에 대해 어리석은 아치我癡,
이 네 번뇌가 소멸하면
온갖 생각이 소멸한다.

,

보통은 '나'를 대단한 존재로 생각한다.

허나 나는

북한산의 개미 한 마리,

낙동강의 피라미 한 마리,

호남벌의 참새 한 마리.

9

자신을 낮추는 인간으로 존재할 수만 있다면
어떤 갈등도 긴장도 원망도 없을 것이다.
자존심은 허망하다.

9

하강하면 기분은 좀 나쁘겠지만
자신을 불행하게 하지는 않을 것이다.
상승하면 기분은 좀 좋겠지만
자신을 불행하게 할 것이다.

9

자신의 탐욕과 분노(저항)와 아만을 자각하고,
그것을 점차 버려 나가는 과정,
이것이 성실한 삶이다.

,

계율의 뿌리는 '남에게 해를 끼치지 마라'이다.
남에게 해를 끼친 과보는 자신이 받으니,
남에게 해를 끼치지 않는 게 자신을 보호하는 일이다.
자신을 사랑하지 않는 사람은
남도 사랑하지 못하고,
남을 배려하지 않는 사람은
자신도 배려하지 못한다.

,

남을 배려하면서 사는 사람은
자신이 죽은 뒤에
남아 있을 사람들도 염려한다.
그래서 그는 단순하고 청량하게 산다.

,

불교의 첫 번째 계율이
불살생不殺生인 이유는
남을 해치는 일이 곧
자신을 해치는 일이기 때문이다.
남의 가슴에 상처 주지 않는 건
남을 보호하는 일이고,
자신을 보호하는 일이다.

남의 가슴에 상처를 준 결과는
결국 자신에게 돌아와 마음의 상처로 남으니,
남을 소중히 여기는 게
자신을 소중히 여기는 일이다.
이 일은 자신과 남을 질책하지 않고
너그럽게 보살피고 돌보는 데서 시작한다.

,

남에게 상처 주지 않고
자신을 보호하며 살다가 가는 것,
이뿐이다.

,

불가능한 헛된 생각에 사로잡히지 않고
'지금 이것'에만 집중하며,
남에게 해를 끼치지 않고,
인연 따라 왔으니 인연 따라 살다 간다.
그야말로 간소하고 청량한 삶.

,

인연과 자비에 대한 관심은
'관계'에 대한 관심이다.

,,

이 세상 모든 것에 해를 끼치지 않으면
죽을 때까지 해를 입지 않는다.
항상 모든 것을 자애롭게 대하니
누가 원망을 품겠는가.

-『법구경』「도장품刀杖品」

9

묶이지 않은 사슴이
숲속에서 먹이를 찾아 이리저리 다니듯이
지혜로운 이는 자유로운 삶을 찾아
무소의 뿔처럼 혼자서 가라.

어느 곳이든 가고 싶은 대로 가거라.
남을 해치려는 마음을 갖지 말고
무엇을 얻든 그것으로 만족하라.
온갖 고난을 이겨 두려움 없이
무소의 뿔처럼 혼자서 가라.

큰 소리에도 놀라지 않는 사자처럼
그물에 걸리지 않는 바람처럼
물에 젖지 않는 연꽃처럼
무소의 뿔처럼 혼자서 가라.

자비와 기쁨과 평등과 해탈을 때때로 익히고
이 세상을 아주 등지는 일 없이
무소의 뿔처럼 혼자서 가라.

-『숫타니파타』「제3경」

8 변화에 저항하지 않는다

9

생로병사가 무상無常인데,
어찌 무상 아닌 게 있을 수 있겠는가.
무상에 저항하면 괴로움과 불안의 나락에 빠지니,
무상 속으로 들어가 거기에 자신을 내맡겨 버리는 것,
이게 편하게 살고 편하게 죽는 길이다.

9

왜 무상에 자신을 내맡기지 못하는가?
그건 자신이 무상하고 싶지 않기 때문이다.
이 세상에 무상 아닌 게 없는데 무상과 충돌하니,
불안하고 두려울 수밖에.

,

모이는 성질을 가진 것은
모두 흩어지는 성질을 가지고 있어서,
모든 현상은 끝없이
매 순간 일어났다가 사라지고
사라졌다가 일어난다.

,

이 우주에서 영영 없어지는 것은 없다.
단지 모였다가 흩어지고 나타났다가 사라질 뿐이다.
이것이 성쇠의 인연이다.

,

호흡할 때 들숨을 생生,
날숨을 멸滅이라 계속 관찰해 나가면
모든 현상의 생멸이 분명하게 보인다.
생사生死는 호흡과 호흡 사이에 있다.

9

생물은 무상하기 때문에 죽지만
무상하기 때문에 태어나고,
무상하기 때문에 늙고 병든다.
이 변화에 저항하는 건
그야말로 소용없는 짓.
자신만 괴롭다.

9

현실은 무상하다.
무상 속에 파묻혀 살아가면서
무상에 저항하는 건
현실에 대한 저항이다.

,

무상에 저항하면 불안과 스트레스가 끝이 없다.
온갖 인연을 그냥 그대로 받아들이고
무상 속으로 들어가 버린 몸과 삶,
이것이 '내맡김'이다.
내맡긴 삶은 저항하지 않고
매사에 감사하는 마음이다.

,

자신을 무상에 내맡겨 버리면
세상이 안전하게 보이고,
무상에 저항하면
세상이 위험하게 보인다.

9

자비,
행복의 열쇠

,

중생의 가장 끈질긴 집착은
'내 몸, 내 것, 내 생각'이다.
여기에 집착하는 한
지혜도 없고 자비도 없다.
에고가 허물어져 버린 폐허의 빈터에
지혜와 자비의 싹이 돋아난다.

,

살아 있는 것들이 다 행복하기를 바라는 자慈,
살아 있는 것들이 다 고뇌에서 벗어나기를 바라는 비悲,
남이 즐거워하면 함께 기뻐하는 희喜,
남을 평온하게 대하는 사捨,
이것을 중생에 대한 네 가지 한량없는 마음이라 한다.

,

집착하지 않는 지혜,
분별하지 않는 지혜,
그리고 자비희사慈悲喜捨.
성자의 삶.

,

자비희사는 남을 돌보고 자기를 돌보는 일이고,
자기를 보호하고 남을 보호하는 일이다.

,

자비희사는 남을 편안하게 한다.
남에게 도움이 되므로 자신도 편안하다.

,

남의 마음을 아프게 한 결과는
결국 자기 자신에게 돌아와 마음의 상처로 남는다.
자비희사는 자신을 사랑하고 남을 배려하는 마음이다.

,

남에게 분노하거나 해를 끼친 결과는
결국 자기 자신에게 돌아와 마음을 오염시킨다.
자비희사는 남을 사랑하고 자신의 마음을
정화淨化하는 일이다.

,

자비희사를 기원하는 것,
이것이 바로 자기 자신을 위한 기도이다.

,

남의 허물이나 결함을 그냥 그대로 받아들여
용해시키면 서로 편해진다.
자비희사는 남을 사랑하고 소중히 여기는 마음이다.

”

라훌라야, 자慈에 대해 명상하라.
이것으로 성냄이 사라진다.
라훌라야, 비悲에 대해 명상하라.
이것으로 남을 해치려는 마음이 사라진다.
라훌라야, 희喜에 대해 명상하라.
이것으로 미워하는 마음이 사라진다.
라훌라야, 사捨에 대해 명상하라.
이것으로 마음의 흔들림이 사라진다.

-『맛지마 니카야』 62, 「라훌라를 가르친 큰 경」

9

자비희사는 남들과의 '관계'에서
자신의 마음을 닦는 수행이다.
자비희사를 닦는 수행자는 온 세상에
자비희사를 가득 채우고,
그 속에서 걸어가고 머물고 앉고 눕는다.

9

누구나 다 허물이나 결함이 있기 마련이니,
자신을 책망하지 않고 위로하는 사람은 위안을 얻는다.

9

누구나 다 허물이나 결함이 있기 마련이니,
자신을 너무 나무라지 않고 너그럽게 대하면
삶이 편해진다.

9

누구나 다 허물이나 결함이 있기 마련이니,
지금의 자신을 그대로 수용하여 자비롭게 보살피고 돌보면
평온에 이른다.

,

하루에도 수없이 변덕을 부리는 게
중생의 마음이니,
자신과 남을 너무 책망할 것 없다.

”

자신을 비판하는 사람은
결코 자신에게 자비를 베풀지 못하고,
자신에게 자비를 베풀지 못하는 사람은
남에게도 자비를 베풀지 못한다.

”

자신은 이렇게 되면 안 되고
저렇게 되어야 한다는 자신에 대한 억압이
갈등과 번민의 근원이다.

,

자신을 책망하지 않고 위로하며,
자신을 너그럽게 용서하고,
자신을 자비심으로 보살피고 돌보는 게
자신을 사랑하는 일이다.
자신을 책망만 하면 자신이 분열된다.
불안과 혼란에 빠진다.

,

자신이 만족스럽지 않더라도
자신을 너그럽게 배려하는 일 외에
자신에게 할 일은
아무것도 없다.

,
깨달음을 구하는 그 자체가 중생 교화이고,
중생 교화가 곧 깨달음을 구하는 것이니,
이를 보살의 수행이라 한다.

,
〈자비의 노래〉

모든 중생이
탐욕에서 벗어나고
분노에서 벗어나고
어리석음에서 벗어나
안락하게 지내게 하소서.

9

돈으로 약은 살 수 있어도 건강은 살 수 없듯이
'알기'는 쉬워도 '되기'는 어렵다.

9

눈에 보이는 것이나 보이지 않는 것이나
멀리 살고 있는 것이나 가까이 살고 있는 것이나
이미 태어난 것이나 앞으로 태어날 것이나
살아 있는 것들은 다 행복하여라.

어머니가 외아들을 목숨 바쳐 보호하듯
살아 있는 모든 것들에게
한없는 자비심을 일으켜라.

서 있거나 걸어가거나 앉아 있거나 누워 있거나
잠자지 않는 동안에는
자비심을 굳게 지녀라.
이것이야말로 참으로 청정한 삶이다.

-『숫타니파타』「제8경」

10 언어저 편

”

본래부터 중생의 마음속에 간직되어 있는 부처의 자질.
허나 번뇌에 가려 드러나지 않으므로
그것만 제거하면 부처의 청정한 성품이 드러난다.
마치 연기로 벌떼를 제거하면 석청石淸이 드러나듯이.

”

진리를 있는 그대로 드러낸
삼라만상 그 자체가 부처이니,
이 우주에 부처의 법문 아닌 게 없다.

9

자연은 말하지도 않으며
침묵하지도 않으며
오직 표시만 할 뿐이다.
마치 저녁놀처럼,
내일은 맑음이라고.

9

궁극의 '그 하나'는 언어로 표현할 수 없다.
언어 자체가 2분화여서
'그 하나'를 언어로 표현하는 순간
둘로 쪼개지기 때문이다.

9

'언어의 길이 끊어졌다'[言語道斷]는 것은
2분화의 언어로는
2분으로 쪼개지기 이전의
'하나'에 도달할 수 없다는 뜻이다.
분별로는 무분별에 이르지 못하고,
이원성二元性으로는 비이원성非二元性에 이르지 못한다.

,

자신이 직접 체득한 내면의 깨달음은
직접 체험 그 자체여서
언어로 표현할 수도 없고
전달할 수도 없다.
망고를 먹어 보지 않은 사람에게
망고 맛을 전달할 수 없듯이.

❜

깨달음은 언어 이전,

즉 일체의 차별과 분별이 끊어진 상태이므로

생각이나 인식의 영역(2분법의 영역)이 아니다.

그렇다고 해서 말하지 않을 수도 없는 일,

처음부터 침묵했다면

어찌 불법佛法의 싹이 돋아났겠는가.

허나 말로써도 다하지 못하고,

침묵으로도 다하지 못하므로

석가세존은 말과 침묵을 떠나

꽃을 들어 대중에게 보였다.

❜

화두話頭는 언어 이전을 드러낸 것인데,

어찌 분별로 따지는가.

화두에는 논리도 합리도 없다.

그러니 화두 그 자체가 되는 것 외에 다른 길은 없다.

,

우주가 내 마음에 들어와 버리면
온갖 분별이 끊어져
이 세상도 저 세상도 없고,
생사生死도 없다.
분별하지 않는 게 도道다.

,

자연의 소리 그 자체가 깨달음이다.

그 소리에는 분별이 없다.

소리는 그냥 사라진다.

무無.

,

모든 현상에는 특별한 게 없는데,

스스로 집착하니 특별하게 보인다.

,

세상은 각자의 색안경으로 본 세상이므로
똑같은 세상이란 있을 수가 없다.
색안경의 빛깔과 농도는 다 다르다.
똑같은 색안경이기를 바라는 게
착각이고 환상이다.

,

세상은
나의 선입견과 감정으로 채색하고 왜곡한 세상이다.
세상은 인간의 수만큼 많다.
삶의 길도 그러하다.

,

똑같은 뇌가 없듯이

똑같은 세계관은 없다.

우리는 제각각 다른 세상 속에 산다.

9

똑같은 뇌가 없듯이
똑같은 마음은 없다.
이것이 자기 마음을 남에게 언어로
전달할 수 없는 이치.
코코넛을 먹어 보지 않은 사람에게는 코코넛 맛을
전달할 수 없다.

9

똑같은 뇌가 있을 수 없으므로
하나의 감각 대상에 똑같은 해석이 있을 수 없다.

9

보고 듣고 맛본 것을 남에게 그대로 전달할 수 없다.
전달하려면 언어를 사용해야 하는데,
언어의 해상도는 감각의 해상도보다 훨씬 낮아서
감각을 그대로 표현하지 못하고 뭉뚱그려 표현한다.
이것이 언어의 한계이고 모호함이다.

9

어떤 풍경에 대한 사람의 감각은 그야말로 제각각인데,
우리는 '멋지다' '별로다' 정도로 뭉뚱그려 표현한다.
하나의 음식에 대한 감각도 다양한데,
우리는 '맛있다' '맛없다' 정도로밖에 표현하지 못한다.
다섯 명이 식당에서 같은 음식을 먹고 다 '맛있다'고 했다.
허나 다섯 명의 입맛은 다 다르다.
각각 다른 그 맛을 같은 말 '맛있다'로 표현한다.
이것이 언어의 한계이고 모호함이다.

,

설탕, 사탕, 꿀은 '달다'.
허나 그 세 가지 맛은 다르다.
세 가지를 먹어 보지 않은 사람에게
세 가지 맛의 차이를 전달할 수 없다.
이것이 언어의 한계이고 모호함이다.

,

휘파람새 소리도 말로 표현할 수 없고,
찔레꽃 향기도,
망고 맛도,
마음의 아픈 상처도 말로 표현할 수 없다.
말로 표현할 수 없으니 전달할 수 없다.
이것이 언어의 한계이고 모호함이다.

,

감각이나 지각과 관계없는 추상 언어는
더더욱 모호하다.
추상 언어를 아무리 정의하더라도,
그것은 언어로 뭉뚱그린 정의일 뿐
명확한 정의는 있을 수가 없다.
이것이 언어의 한계이고 모호함이다.

,

물에 대해 아무리 말해도
갈증이 해소되지 않고
나무라는 말이
그늘을 드리우지 않으며
찔레꽃이라는 말에서
향기가 나지 않듯이,
언어와 그것이 지칭하는
대상 사이에는 아무런
필연 관계가 없다.
그런데 우리는 종종 그 둘을 동일시한다.

11 열반의 길

,

불교는 바깥 대상에 대한 탐구나 판단이 아니라
자신의 내면을 살피고 돌보는 일에 대한 가르침이다.
이걸 잊으면 열반涅槃으로 나아가지 못한다.

9

그 옛날 싯다르타의 가슴에 들어앉은 고苦가
얼마나 혹독했으면
그는 집도 절도 없이
폭염과 온갖 벌레들이 들끓는 숲속에서
6년 동안 그토록 가혹한 고행을 했겠는가.
그러니 고가 절실하지 않으면 열반도 절실하지 않고,
고의 뿌리가 없으면 열반의 열매는 없다.

9

언어는

① 물질이나 자연 현상, 즉 바깥 대상에 대한 지시 언어와

② 고락·애착·증오·번뇌·열반 등의 심리 언어와

③ 자유·평등·선악·인식·이성 등의 개념 언어로

나눌 수 있다.

불교의 영역은 ②다.

이것을 준별하지 않으면 혼란에 빠진다.

9

언어는 저 언덕을 가리키는 도구이지
저 언덕으로 데려다주는 도구가 아니다.
따라서 언어는 약이 아니라 처방전이고,
치료가 아니라 의학책이다.
약 처방전을 여러 번 읽는다고
병이 낫는 것도 아니고,
의학책을 여러 권 읽는다고 건강해지는 것도 아니다.
언어는 다 방편일 수밖에 없다.

9

열반涅槃은 '불어서 끈 상태'다.

입으로 불어 꺼진 불처럼,

탐욕과 분노와 어리석음의 불꽃이 꺼진 상태다.

열반으로 가는 길에

복잡한 불교 교리 따위는 필요 없다.

탐욕과 분노와 어리석음의 불꽃을 끄는 수행,

이것뿐이다.

그 불꽃이 꺼지면 괴로움과 불안과 부질없는

생각이 소멸되어

청량한 열반에 이른다.

9

탐욕은
가지면 가질수록 더 가지려는 충동이고,
매사가 자신의 생각대로 되기를 바라는 망상이고,
남이 자신을 주목해 주고 인정해 주기를 바라는 욕구이다.

9

탐욕에서 근심이 생기고
탐욕에서 두려움이 생긴다.
해탈하면 탐욕이 없는데
무엇을 근심하고 무엇을 두려워하랴.

- 『법구경』「호희품好喜品」

,

분노는 '저항'이다.

자신의 뜻대로 되지 않아서 꿈틀대는 저항이고,

남의 생각이나 행동이 맘에 들지 않는다고 해서

일어나는 저항이고,

아무런 잘못 없는 인연에 대한 저항이고,

허망한 자존심에 상처를 받아서 솟아나는 저항이다.

9

어리석음은
자신이 얼마나 탐욕스럽고,
매사에 얼마나 잘 분노하는지를 자각하지 못하는 것이다.
자신의 내면에 숨어 있는 탐욕과 분노를
꿰뚫어 보지 못하면
그것을 해소할 길이 없어
열반에 이르는 길은 멀고도 멀다.

,

비구야, 배 안의 물을 퍼내어라.
속이 비면 배가 잘 가리니
탐욕과 분노와 어리석음을 버리면
쉽게 열반에 이르리라.

-『법구경』「사문품沙門品」

,

목이 말라 애타게 물을 찾듯이
몹시 탐내어 그칠 줄 모르는 애욕을
갈애渴愛라 한다.
갈애가 괴로움이 일어나는 원인이다.
갈애가 일어날 때마다 곧바로 알아차리고
내려놓기를 반복하는 게
열반으로 가는 첫걸음이다.

,

중생의 탐욕이 끝없는 건
'내 것'으로 소유하는 쾌감에
중독되어 있기 때문이고,
중생의 분노가 끝없는 건
'내 생각'에 사로잡혀 있기 때문이다.
'내 것'으로 소유하는 쾌감에 끈질기게 집착하고,
'내 생각'을 애지중지하는 한
불안과 괴로움과 갈등은 끝이 없다.

,

탐욕과 분노와 어리석음이 괴로움의 뿌리여서
불안과 갈등과 두려움에 빠지게 한다는 걸
통찰하지 못하고,
그 탐욕과 분노와 어리석음에 휘둘리는 게
중생의 삶이다.

,

감각 기관이 대상과 접촉하면 느낌이 일어나는데,
좋은 느낌에는 집착하고
싫은 느낌에는 분노한다.
어떤 느낌이 일어나든 거기에 끌려가지 않는 게
괴로움에서 벗어나는 길이다.

,

지금 '나 자신'에서 매 순간 일어났다가 사라지고
사라졌다가 일어나는 생멸을 끊임없이 알아차리고,
그것이 모두 무상·고·무아라고 거듭 통찰하게 되면
'나'에 대한 집착이 점점 희박해져
그 속박에서 점차 벗어나게 된다.

”

지금 매 순간 안팎에서 일어났다가 사라지고
사라졌다가 일어나는 현상에 집중해서 끊임없이
알아차리는 것,
이것이 불교 수행의 출발점이다.

”

비구야, 부지런히 거듭 수행해
무더기로 이루어진 이 몸을 관찰하고
밤낮으로 항상 오로지 한곳에 집중해
바른 지혜로 알아차리기를 확립하면
온갖 분별 영원히 쉬어
청량한 곳에 이르리라.

–『잡아함경』 제10권 제265경

,

사마타는
한곳에 집중해서 마음의 동요와 산란이 가라앉고 그친
삼매[定]이고,
위팟사나는
'나 자신'에서 매 순간 일어났다가 사라지는
생멸을 끊임없이 알아차려서
무상과 고와 무아를 통찰하는 지혜[慧] 수행이다.

,

묘한 말씀 아무리 많이 읽어도
방탕하여 계율을 지키지 않고
탐욕과 분노와 어리석음에 빠져서
지관(止觀, 사마타와 위팟사나)을 닦지 않으면
소떼와 같을 뿐
붓다의 제자라고 할 수 없다.

–『법구경』「쌍요품雙要品」

비구들아, 사마타를 닦으면 어떤 이로움이 있는가?
마음이 닦이어 탐욕이 끊어진다.
비구들아, 위팟사나를 닦으면 어떤 이로움이 있는가?
지혜가 닦이어 무명無明이 끊어진다.

-『앙굿타라 니카야』2:30,「명明」

9

'들숨과 날숨을 알아차리는 수행'을 거듭해서
몸[身]·느낌[受]·마음[心]·현상[法]에서 매 순간 일어나고
사라지는 생멸을 끊임없이 관찰하여
알아차리기를 확립하고,
이를 거듭 수행해서 '일곱 가지 깨달음의 요소'를 체험하게
된다.
몸-마음이 안정되면서 알아차리기가
더욱 뚜렷해지고[念覺支]
몸-마음이라는 현상에 대한 이해가 깊어지면서[擇法覺支]
수행에 더욱 더 정진하게 되고[精進覺支]
가슴에 잔잔히 사무치는 평온한 기쁨을 느끼고[喜覺支]
몸-마음이 홀가분하여 안정되고[輕安覺支]
평온한 기쁨으로 안정된 마음은 더욱 집중하게 되고[定覺支]
일어났다가 사라지는 몸-마음의 온갖 현상들에 대해
집착하지도 저항하지도 않아 마음의 평온이
잘 유지된다[捨覺支].
이 일곱 가지를 거듭 수행해서 지혜와 해탈을 성취한다.

,

불교 수행은
호흡을 따라가는 데서 시작하니,
스승은 먼 데 있는 게 아니다.
바로 코앞에 있다.

"

호흡에는 과거도 미래도 없고,
오직 '지금 이 순간'만 있다.
바로 코앞의 들숨과 날숨에 집중하는 순간순간,
번뇌와 망상이 없는 '지금 여기'에 현존하게 된다.

"

비구들아, 만약 어떤 사람이 '사문 싯다르타는
우안거雨安居 동안 어떤 수행을 자주 하는가?' 하고 물으면,
너희들은 '세존은 들숨과 날숨을 알아차리는 수행을
자주 하면서 우안거를 보내셨다.'고 말하라.

-『상윳타 니카야』 54:11, 「잇차낭갈라」

삶과 죽음은 몹시 괴롭지만
진리를 따르면 피안에 이른다.
세상 사람을 건지는 8정도正道는
온갖 괴로움을 없애준다.

-『법구경』「술불품術佛品」

괴로움[苦]에 대해 아는 것,
괴로움의 발생[集]에 대해 아는 것,
괴로움의 소멸[滅]에 대해 아는 것,
괴로움의 소멸에 이르는 길[道]에 대해 아는 것,
이것이 바른 앎[正見]이다.

-『디가 니카야』 22,「대염처경」

9

계율은 수행의 바탕이다.
계율을 간직한 삶은 청정하여 허물이 없고,
계율을 지키는 그 자체가
해탈로 가는 수행이다.

,

누구의 말이나 행동에 즉각적으로 반응하지 않고
잠깐 틈을 가지는 것,
이것이 인욕의 첫걸음이다.

12 지금 이 순간

❜

자신이 가장 소중히 여기는 몸이
'지금 이 순간'에 현존現存하니,
지금 이 순간보다 더 소중한 건 있을 수 없다.

❜

머릿속에서 이야기를 꾸미지만 않으면,
'지금 여기'만 남아 현존하게 된다.
지금 여기가 삶의 현장이다.
현존하지 않는 삶은 허구다.

,

과거의 '나'가 죽고
미래의 '나'가 죽어야
현존한다.
현존하는 삶에는
불안도 없고
갈등도 없고
두려움도 없다.

,

과거와 미래가 죽고
'지금 이 순간' '지금 여기' '지금 이거'에 내맡기는 것,
이것이 현존이다.

9

이것도 버리고 저것도 버리고
이 생각도 버리고 저 생각도 버리고
이 세상도 버리고 저 세상도 버리면
'지금 이 순간'만 남는다.
지금 이 순간에는 시간이 없어
시작도 없고 끝도 없는 영원한 지금 이 순간이다.
따라서 하루하루가 1년이고 10년이고 100년이다.

,

지금 이 순간 밖에서 숨 쉴 수 없고,
지금 이 순간 밖에서 하늘을
볼 수도 없고
시냇물 소리를 들을 수도 없고
꽃향기를 맡을 수도 없고
음식을 맛볼 수도 없고,
지금 이 순간 밖에서 추위를
느낄 수도 없으니,
지금 이 순간을 떠난 건
모두 허상이고 망상이고 허구다.

중생이 회한과 불안에 시달리는 것은
'지금 여기'를 떠나
과거의 영상을 떠올려 거기에 얽매이고,
미래의 일을 상상하여 거기에 사로잡히기 때문이다.
회한도 불안도 없는 곳은
'지금 여기'뿐이다.
지금 여기가 곧 '피안'이다.

,

'지금 이것'에 집중하고,
마음이 과거나 미래로 가지 않도록 단속하는 것,
이것이 수행의 첫걸음이다.

,

머릿속에 떠오르는 모든 영상은
과거와 미래로 떠돌아다니는 상상이고 허상이다.
'지금 이 순간'만이 청정한 성품이다.

9

저녁에 잠들면 모든 게 소멸하고,

아침에 눈 뜨면 다시 새로운 세상이니,

하루하루가 처음이고 시작이다.

과거가 없고

미래가 없으면

지금의 온갖 것이

다 새롭다.

,

마음이 '지금 이 순간'에서 달아난 것을 알아차린 자,
그는 현존하기 시작한다.

,

과거와 미래는 환상이고,
'지금 이 순간순간'만이
최선이고
인연의 끝자락이고
완결판이다.

,

과거와 미래가 끊어지고
지금 보이고 들리는 것에만 집중하는 것,
이것이 일상 속의 수행이다.
지금 보이고 들리는 것에만 관심 있는 '단순한 인간',
그는 회한도 없고 망상도 없어
편하게 살고 편하게 죽는다.

9

'지금 하고 있는 이 일' 자체가 목적인 삶,
이게 매 순간 현존하는 행위다.
몸은 지금 여기에 있는데 목적이 미래에 있으면,
지금 이 삶의 현장은 수단이 되어 버린다.
지금이 목적이 아니라
미래의 무엇을 위한 수단이 되어 버리면,
지금은 항상 불안하고
미래의 목적도 불안할 수밖에 없다.
어떤 행위든지 무엇을 위해 하는 게 아니라
지금의 행위 자체가 목적이면,
지금은 항상 최선이어서
그 결과가 어떻게 되든
후회도 절망도 고통도 있을 수 없다.
왜냐면 결과가 목적이 아니라
지금이 목적이기 때문이다.
산의 정상을 정복하기 위해 등산하는 게 아니라
등산하는 그 자체가 목적이면
등산하는 게 즐거울 수밖에 없고,
극락에 태어나기 위해 절하는 게 아니라
절하는 그 자체가 목적이면
절하는 순간순간이 극락이다.

구하거나 바라지 않고,
'지금 하고 있는 이 일'에 대한 헌신적인 사랑,
이게 요점이다.

훈련보다는 지혜가 낫고,
지혜보다는 선정이 낫고,
선정보다는 행위의 결과에 집착하지 않는
'포기'가 낫다.
그 포기에 의해 즉시 평온을 얻는다.

- 『바가바드 기타』 12:12

13 마음속으로

9

마음은

'지각知覺 + 영상映像, image + 언어言語 + 감정感情 + 에고ego +

과거의 경험들이 저장된 심층의 잠재력'의

상호 작용으로 요약된다.

'지각'은 감각 기관으로 바깥 대상을 인식하는 작용이고,

'영상'은 감각 기관의 자극 없이 머릿속에

떠오르는 화면이다.

'언어'는 대상을 2분화한다.

'감정'은 온갖 느낌이고,

'에고'는 자신만 소중히 여기고, 자신은 남보다 뛰어나다는

생각을 바탕으로 한 집착과 저항이다.

'과거의 경험이 저장된 심층의 잠재력'은 심층에

잠재하고 있는 마음 작용이다.

9

마음 작용이 언어의 그물에 걸리면 '생각'이라 하고,
언어가 2분화이기 때문에 생각이 곧 분별이다.
생각은 마음의 대부분을 차지하는데,
언어의 그물에 걸리지 않고 심층에 잠재하고 있는
마음의 일부분은
어떤 계기가 있지 않으면 생각으로 떠오르지 않는다.
심층에 잠재하고 있는 마음의 일부분이
마음 작용의 근원지다.

,

마음은 바깥 대상을 있는 그대로 직관하지 않고
자신의 선입견과 생각과 감정 등으로
대상을 채색하고 비교하고 2분화하여
자기 나름대로 지각한다.
따라서 공통된 지각이란 있을 수 없고,
분할하고 채색해서 지각한 현상은
'있는 그대로의 모습'이 아니다.
모든 현상은 우리가 지각한 대로 존재하지 않는다.

9

마음은 어떤 대상을 감각하거나 지각할 때
즉각 그 대상을 채색하고 2분법으로 반응한다.
그 온갖 채색과 2분법을 다 걷어내어 버린 게
'있는 그대로의 모습'이다.

9

일체유심조一切唯心造,
'모든 것은 오직 마음이 지어낸 것'.
저 산과 구름도 마음이 지어낸 것인가?
마음이 지어낸 것이란,
상상·허상과
감각 기관의 대상을 채색하고 분할하는
감정·생각·선입견·분별·차별 따윌 말한다.
감각 기관의 대상 그 자체를 가리키지 않는다.

3계[界]가 마음에 의지해 있고
12인연도 그러함을 확실히 알고
생사가 다 마음이 지은 것이니
마음이 소멸하면 생사도 없네.

- 80권본『화엄경』제37권,「십지품」

9

오직 마음 작용뿐이고 대상은 없다[唯識無境].
'대상이 없다'는 건
상상과 허상,
감정·생각·선입견·분별·차별 따위가
실재하지 않는다는 뜻이지,
감각 기관의 대상 그 자체가 없다는 뜻은 아니다.

9

구름·풀·돌멩이 같은 말은 지칭하는 대상이 있지만,
추상 언어는 대상이 없는 개념이다.
상상은 떠오르는 화면이 대상이고,
지각은 바깥에 대상이 있지만
추상 언어에는 그런 게 없다.
헌데 종종 착각에 빠져
추상 언어에 얽매여 집착하고,
그 대상을 찾으려는 헛수고를 한다.

9

추상 언어의 대상은 없지만
그 언어 자체를 대상으로 다룰 수는 있다.
대상이란 '의식의 지향점'이기 때문이다.
예컨대 자유·평등·이성 따위의 대상은 없지만
그 언어를 대상으로 하여 의미를 사유할 수 있다.
허나 그 개념들의 정확한 정의를 내릴 수는 없다.

9

두 가지 갈래의 '있다'가 있다.
하나는 집·나무·바위가 '있다'이고,
둘은 생각·영상·감정이 '있다'이다.
전자는 바깥 대상으로 '있다'이고,
후자는 마음에 '있다'이다.
전자는 지금 바깥에 실재하는 대상이고,
후자는 머릿속의 분별과 화면이다.
바깥에 '있다'도 존재이면서 대상이고,
마음에 '있다'도 존재이면서 대상이다.

9

바위는 마음 밖에도 있고,
마음 안에도 있다.
마음 밖의 바위는 바깥 대상으로서의 바위고,
마음 안의 바위는 머릿속 화면으로서의 바위다.

9

마음이 평온하지 못하면
애써 배운 불교에 대한 '앎'이 다 무슨 소용 있겠는가.
불교에서,
마음을 편하게 하지 못하는 앎은 번뇌다.

9

비트겐슈타인의 자문자답.

“철학에서 당신의 목적은 무엇인가?

- 파리에게 파리통에서 빠져나가는 출구를

보여 주는 것.”(『철학적 탐구』309)

불교에서,

속박에서 벗어나는 출구를 보여 주지 못하는 글은

쓰레기다.

,

중생의 마음은
에고를 바탕으로 한 소음이다.
하여 자신만 소중히 여기고,
자신은 남보다 나은 어떠어떠한 사람이고,
자신은 대단한 사람이라는 망상 속에서 산다.

,

중생의 마음은
'좋은 것'에 집착하고
'싫은 것'에 저항하여
시계추처럼 그 양쪽을
끊임없이 왕복하므로
항상 불안정하다.
집착과 저항의 강도가 크면 클수록
그 왕복 운동의 진폭이 커져
더 큰 불안정에 휘둘린다.
이 불안정이 곧 고苦다.
그래서 생존하는 한 고일 수밖에 없다.
성자가 되기까지는.

,

어디에 집착하거나 무엇을 회피한다는 건
거기에 속박되었다는 뜻.
늘 불안하고 얽매이고 갈등한다.
그래서 고苦.
집착하지도 회피하지도 않는 게
안정.

,

인간의 삶은
'기분 좋은 상태'를 추구하는 데 지나지 않는다.
허나 중생의 마음은 시시각각 변하기 마련이어서,
그 상태를 계속 유지하는 게 불가능하다.
괴로움은 끝이 없다.

9

태어나서 늙고 병들고 죽는 괴로움을 고고苦苦라 하고,

5온에 집착하여 불안과 긴장과 두려움이 일어나는

괴로움을 행고行苦라 하고,

바람이 무너짐으로써 받는 괴로움을 괴고壞苦라 한다.

”
온 천지가 '마음'이라고 자각하면
생사生死가 없어진다.

”
마음이 육신 안에 있다고 착각해서 육신 밖의
산하·허공·대지가 모두 묘하고 참된 마음 가운데 있는 줄
알지 못한다.

-『능엄경』 제2권

”
좋아하거나 싫어하지 않고,
사랑하거나 미워하지 않는 게
중도中道다.
좋아하거나 사랑하면 집착이 일어나고,
싫어하거나 미워하면 분노가 일어난다.
2분의 감정이 붕괴해 버려
집착할 것도 분노할 것도 없는 게
해탈이다.

이것도 버리고 저것도 버리고,
이 생각도 버리고 저 생각도 버리면
평온에 이른다.

9

유有는 무無에 의해 세워지고,
무는 유에 의해 드러난다.
본디 유를 세우지 않으면 무도 있지 않으니,
이미 무가 있지 않은데 어디서 유를 얻을 수 있겠는가.
유와 무가 서로 의지해 있으니,
이미 서로 의지해 있으면 다 생멸이다.
다만 이 두 소견을 떠나면
바로 부처의 진신眞身을 보게 된다.

-『돈오입도요문론』

,

분별이 사라져 좋은 것도 싫은 것도 없고,
생각을 내려놓고 저항하지 않아 그저 편한 것,
자신에게 자비를 베풀고,
몸-마음에 대한 집착이 떨어져 나가
사는 것도 죽는 것도 잊은 채 그저 편한 것,
안심安心.

,

지나치게 부족하거나 지나치게 많은 상태,
이게 괴로움의 원인이다.
적당한 게 편안함이다.

,

어떤 말이든지 어떤 인연이든지
저항하지 않고 편안히 다 받아들일 수 있는
공간이 마련된 상태,
이것이 비운 마음이다.

,

불안은
불확실한 미래를 부정적으로 생각해서
막연하게 걱정하거나 두려워하는 마음의 혼란.
허나 걱정하거나 두려워한다고 해서 해결되는 건
아무것도 없다.
미래는 긍정적이지도 않고 부정적이지도 않다.

9

마음이 진흙으로 소 두 마리(2분법의 생각)를 만들어
온갖 분별을 일삼다가 바다로 뛰어드니,
두 마리 진흙소가 녹아 버렸다.
2분법이 용해되어 버리니 유무有無가 사라졌다.
적멸寂滅이다.
적멸,
그것은 온갖 분별의 소멸이고,
에고의 소멸이고,
과거와 미래의 소멸이고,
상상과 허상의 소멸이다.

9

과거와 현재와 미래는 떠도는 영상이다.
그 허망한 영상이 소멸하면
과거와 현재와 미래는 백지白紙다.
그 백지가
'하나'이고 '무無'다.

9

과거의 일은
이미 지나가 버렸으니 생각하지 않으면
'과거의 마음'이 저절로 끊어져 과거의 일이 없다고 하고,
미래의 일은
아직 오지 않았으니 원하지도 않고 구하지도 않으면
'미래의 마음'이 저절로 끊어져 미래의 일이 없다고 하고,
현재의 일은
이미 현재이니 온갖 일에 집착할 게 없는 줄 알 뿐이다.
집착하지 않는다는 건
미워하거나 사랑하는 마음을 일으키지 않는 것이다.
집착하지 않으면
'현재의 마음'이 저절로 끊어져 현재의 일이 없다고 한다.
과거와 현재와 미래를 거두어들이지 않으니,
또한 과거와 현재와 미래가 없다고 한다.

-『돈오입도요문론』

과거의 마음을 인식할 수 없다는 것은
과거를 버린 것이고,
현재의 마음을 인식할 수 없다는 것은
현재를 버린 것이고,
미래의 마음을 인식할 수 없다는 것은
미래를 버린 것이니,
이것은 3세世를 다 버린 것이다.

-『전심법요』

,

'마음을 찾으라'고 한다.
허나 그럴 거 없다.
마음은 지각 대상이 아니니까.

,

나한羅漢이 법안法眼에게 물었다.
"일체가 오직 마음이라 하는데, 저 뜰아래에 있는 돌은 마음 안에 있는가, 마음 밖에 있는가?"
"마음 안에 있습니다."
"돌아다니는 사람이 왜 무거운 돌을 가지고 다니는가?"

-『금릉청량원문익선사어록』

,

중생의 마음은 한결같지 않아
어떤 때는 아귀나 아수라가 들끓고,
어떤 때는 관음이나 아미타불이 움직이고,
어떤 때는 지옥과 극락을 오가니,
중생은 죽어서 윤회하는 게 아니라 살아서 윤회한다.

,

부처를 밖에서 찾는 이에게는 '마음이 곧 부처다[卽心是佛]',
여기에 집착하는 이에게는 '마음도 아니고
부처도 아니다[非心非佛]',
마음과 부처를 말할 필요가 없는 이에게는
'그 무엇도 아니다[不是物]'.

도道는 수행을 필요로 하지 않는다.

다만 오염시키지만 마라.

무엇을 오염이라 하는가?

나고 죽는 마음을 일으켜 꾸며 대고 취향을 갖는 것은 모두 오염이다.

곧바로 말하면 평상심이 도[平常心是道].

평상심이란

꾸밈도 없고, 옳음과 그름도 없고, 취함과 버림도 없고, 연속과 단절도 없고, 속됨과 성스러움도 없는 것이다.

다만 지금 가고 머물고 앉고 눕는 모든 행위가 다 도이다.

-『전등록』 제28권, 「마조도일장」

,

불법佛法에는 인위적인 꾸밈이 없다.
오직 애써 꾸며 대지 않는 평상시의 생활일 뿐이다.
변소에 가고, 옷 입고, 밥 먹고, 피곤하면 눕는다.
어리석은 자는 웃겠지만 지혜로운 자는 알 것이다.

-『임제록』

9

너희들 각자의 마음이 부처임을 확신하라.
이 마음이 곧 부처의 마음이다.
달마 대사께서 인도에서 중국에 오셔서
최상의 가르침인 일심一心을 전하여
너희들을 깨닫게 하셨고,
또 『능가경』의 경문을 인용해서
중생의 마음 바탕을 보이신 것은
너희들이 뒤바뀌어 스스로를 믿지 않을까 봐
염려하셨기 때문이다.

– 『전등록』 제6권, 「마조도일장」

”

너희들이 문자를 따져서 이해하려 애쓰고,
문자로 천차만별의 분별을 일으켜
끝없는 의문과 논란을 벌인다면,
거기서 얻는 것은 말장난뿐이다.
중요한 것은 자신의 본래 성품을 보는 것이다.

-『전등록』 제19권, 「운문문언장」

”

어리석은 자는 손가락으로 달을 가리키면
달을 보지 않고 손가락만 보듯이
문자에 집착하여 분별하는 자는
나의 진실을 보지 못한다.

-『대승입능가경』 제5권

,

지붕에 오르려면 사다리가 필요하고
개울을 건너려면 징검다리를 디뎌야 하지만,
사다리와 징검다리에 집착해서
그것을 이리저리 궁리하느라
사다리에서 떨어지고 개울에 빠지지는 않을까,
선사禪師들은 늘 그것을 염려했다.

9

존재하는 것은
다 이름이 있다.
이름이 없으면
아무것도 아니다.
'하나'이고 '무無'다.
이름이 곧 경계이기 때문이다.
따라서
이름이 있으면 허망하고,
이름이 없으면 영원하다.

,

3백6십 뼈마디와 8만4천 털구멍을 총동원해서
온몸이 한 개의 의심 덩어리가 되어,
오직 이 '무無'만 참구하라.
밤낮으로 끊임없이 참구하라.
이 '무'를 허무虛無의 무로 이해해도 안 되고,
유무有無의 무로 이해해도 안 된다.
이 '무'의 참구는 뜨거운 쇳덩이를 삼키고서 토해 내려 해도
토해 낼 수 없는 것처럼 절박해야 한다.
이제까지의 쓸데없는 앎과 잘못된 깨달음을 다 탕진하고,
오래오래 참구해서 수행이 깊어지면 저절로
'나'와 '무'가 하나로 된다.
이 경지는 벙어리가 꿈꾼 것 같아
오직 자신만 알 뿐 남에게 전할 수 없다.(…)
자, 그러면 어떻게 참구해야 하는가?
온 기력을 다해 오직 '무'가 되라.
그것이 지속되어 끊어지지 않으면
심지에 살짝 불만 대도 바로 불이 붙듯
광명이 찾아온다.

– 『무문관無門關』「조주구자趙州狗子」

인생과 싸우지 않는 지혜

2016년 4월 25일 초판 1쇄 발행
2024년 11월 15일 초판 6쇄 발행

지은이 곽철환
펴낸이 박상근(至弘) • 편집인 류지호 • 편집이사 양동민
편집 김재호, 양민호, 김소영, 최호승, 하다해, 정유리 • 디자인 쿠담디자인 • 제작 김명환
홍보마케팅 김대현, 이선호, 류지수 • 관리 윤정안
콘텐츠국 유권준, 김대우, 김희준
펴낸 곳 불광출판사 (03169) 서울시 종로구 사직로10길 17 인왕빌딩 301호
대표전화 02) 420-3200 편집부 02) 420-3300 팩시밀리 02) 420-3400
출판등록 제300-2009-130호(1979. 10. 10.)

ISBN 978-89-7479-313-5 (03220)

값 16,000원

* 잘못된 책은 구입하신 서점에서 바꾸어 드립니다.
* 독자의 의견을 기다립니다. www.bulkwang.co.kr
* 불광출판사는 (주)불광미디어의 단행본 브랜드입니다.